JN438028

풍시조로 세상 엿보기

지성 · 감성의 메타언어

조선문학시인선 · 254

풍시조로 세상 엿보기

장원의 시집

조선문학사

▌책머리에

풍시조를 통해 세상 엿보기

망막에는 물체의 상이 거꾸로 맺힌다. 우리는 뇌에서 이것을 옳게 인식한다. 흔히 나 혼자만 알고 남들은 모를 것이라고 생각하지만 남들은 나의 조그마한 허물까지도 거울을 보듯 바라보고 있다. 우리는 이런 착각 속에서 안주하고 자위를 하며 살고 있다.

가끔 남의 잘못을 보거나 이것이 아니다 싶을 때가 많다. 체면이나 상황에 따라 참아야 하는 고통을 감내하며 현실에서 입을 다물고 눈을 감거나 고개를 돌려야 하는 아픔을 경험하기도 한다. 이 아픔을 글을 통해 꼬집고, 비꼬고, 세상을 향해 고발하고 싶은 충동을 느낄 때가 많다. 그런 의미에서 풍시조는 내 안에서 밖으로 통하는 아주 좋은 통로라 하지 않을 수 없다. 세상을 엿보거나 들여다보거나 뒤집어 봄으로써 참 모습을 발견하고 그 속에서 진리를 찾고 또 희열을 느끼고 나아가 선(善)의 대열에 합류하고픈 충동으로 몇 줄 적어 풍시조(諷詩調)란 이름으로 책을 묶었다. 이런 치기어린 행동에도 옆에서 격려해 주시고 지도해 주신 여러분께 이 자리를 빌어 고마움을 전한다.

2009년 봄의 문턱에서

장 원 의

장원의 시집

풍시조로 세상 엿보기

차례

시집 평설

풍시조

풍만한 가슴을 가진 당나라 때 양귀비도
시대를 잘 타고나서 통했던 미녀였지
조롱받기 십상이야, 요즘 시대라면 뚱뚱보라고

흑백 대결

힐러리와 오바마의 예비선거
신언서판이란 말 미국에서도 통하는가
흑백대결인가, WASP(white,anglo-saxon,protestant)인가

오바마

미국 제44대 대통령, 최초 흑인 대통령
성은 오, 이름은 바마 한국 이름 같은데
호랑이가 고양이를 미워한다는 말 생각 나 걱정이군

서브 프라임

서브는 남에게 봉사한다는 뜻
프라임은 우량이란 뜻인데 뜻과는 달리
부실부동산 대출로 한국에는 독약이 된 서브 프라임

버지니아 공대 총기 사건

산악인 고상돈은 산에서, 권투선수 김득구는 링에서 죽었다
버지니아공대 총기난사사건
총 좋아하는 미국인들 자업자득 아닌감

인과응보

인과응보란 말 있지
자주 발생하는 미국 총기 사건들
이라크, 아프카니스탄에서 저지른 대량살상의 댓가나 아닌지

삼성 특검 수사 발표

삼싱 특검 시작부터 짜고 친 고스톱 아니었던가
이건희 회장 등 10명 불구속 기소로 용두사미
우려했던 대로 혹시나는 역시나

말만 바꾼 셈

'마누라와 자식 외엔 모두 바꾸라'던 삼성 이건희 회장 말
말만 바꾸었지 마음은 바꾸지 못했던 갑네
1966년 사카린 밀수사건 이병철 회장 마음 부전자전인 걸

의혹

입만 벌리면 게워내는 토사물 의혹
문만 열면 게워내고 토해내는 게이트
바보상자가 게워낼 토사물, 버튼 누르기가 이렇게 두려울까

불도저 여당

70년대 불도저 서울시장이라고 들었던 말
80년대 군사정권에서나 써먹었던 불도저식 정치
되살아난 국회경호권 발동이라니 복고풍이군

특검 칼날

머리와 몸통은 손 안대고 긴 꼬리만 잘라내는
잘라내고 잘라내도 계절도 없이 웃자라는 꼬리
특검(特檢)은 특검(特劍)인줄 알았더니 꼬리곰탕집 식칼

똥 묻은 개

똥 묻은 개가 재 묻은 개 나무란다던가
매스컴에서 떠벌이는 사람이 성인군자인 척
혹(或) 똥 묻은 개가 아닐지 몰라

고개 숙인 이명박 대통령

아키히토 일본 왕을 방문한 이명박 대통령
늙은 일왕은 허리가 꼿꼿한데 젊은 대통령은 고개를 45도
과거를 묻지 않겠다는 말 혹 굴욕외교는 아닌지

돈 대표제

정당 비례대표제의 참 뜻
직능별로 뽑아 능률을 올려보려는 뜻은 간데 없고
공천헌금으로 주고받는 자리, 매관매직 아닌감

종부세

부동산을 많이 가진 부자들에게 먹이는 세금
불로소득으로 얻은 이득은 세금으로 내야지
세금폭탄,징벌세라는명칭으로미꾸라지처럼빠져나갈셈인가

병권

링 위에선 주먹 센 놈이 왕
전쟁터에선 병권(兵權)을 잡은 장수(將帥)가 왕
왕왕 좋아하다 병든 몸 뉘우치는 병권(甁權)

불과 불(佛)

반딧불이를 불이라고 하듯이
불자가 밝힌 마음의 등불이니
불자(不字)를 거부하는 불(佛)로 밝힌 불이지

헛된 약속

사랑할 땐 누구나 해보는 하늘에 별도 따다 주겠다던 말
말대로라면 몇 개 밖에 안남았을 법 한데
저렇게 밤마다 돋는 많은 별 보니 공수표였나 봐

바둑 · 1

예수도 아닌 것이 부활을 꿈꾸고
그늘에만 있는 것이 새카맣게 그을리고
광개토대왕도 아닌 것이 영토 확장에 혈안이고

바둑 · 2

일부 일처 일가면 족한 것을
반드시 따로 두 집을 짓는 고집
한 채는 본가, 또 한 채는 분가일까 안가일까

바둑 · 3

장기에선 장군
화투에선 광땡
바둑에선 호구(虎口)가 제일 무서워

발

안면이 넓으면 왜 마당발이라 할까
발이 크면 왜 도둑놈이라 할까
손, 발 해싸도 첫 만남에선 말발이 최고야

노발대발

노발대발(怒發大發)은 가슴에 열받아 당기는 시한폭탄심지
같은 발자 항렬끼리 세운 심지 가슴으로 불꽃 튕기는데
노발(怒髮)은 머리카락마다 심지 되어 터지는 왕폭탄

백수

6일 일하고 하루 쉬어야 정상인데
6일 놀고 하루 쉬니 백수(白手)일 수밖에
헌데도 요즘 세태는 백수가 과로사 한다데

무노동 무임금

'손이 놀면 입도 놀아라'고 대처수상이 한 말
노동자들은 무노동 무임금에 묶어 놓고
3개월 동안 등원도 않고 세비만 꿀꺽한 얌체 국회의원들

격투기 국회

손발 다 써서 넘어뜨리고 치고 박고 피 흘리고
흥분하며 재미있게 관전하는 격투기보다
요즘 쟁점법안을 앞에 놓고 대치하는 국회가 낫지

불조심 국회

국회의사당에 불났는지 소화기 분말로 난장판 됐다
이른바 MB 입법안 통과시키는 비장의 무기로 등장
전광석처럼 착수해 질풍노도처럼 밀어 붙이라 했다지

4고(高)

고스톱에선 4고를 맞으면 앞발 드는데
고환율, 고금리, 고유가, 고물가
2008년 수렁에 빠진 한국경제 손발 다 들어

속았다

박근혜:나도 속고 국민도 속았다
이명박:나도 속았다
국민:속이고 속는 속극 무대 코리아, 그래서 속국 근성

개발 새발

내 글씨는 개발 새발
개도 새도 땅에 글씨를 새긴다는데
두손 두발로 못쓰는 내 시 쓰기

피어싱 · 1

귓구멍, 콧구멍, 혓바닥에 쇠고랑을 차더니
그것도 모자라서 배꼽과 배꼽 밑에까지 찬 정조대
이러다간 남아날 구멍 하나도 없겠네

피어싱 · 2

옛날에 죄인이나 종에게 채운 족쇄
시대가 변하여 목에 걸어 노예 아닌 사랑의 족쇄라니
죄인이나 노예처럼 성감대마다 채운 족쇄

피어싱 · 3

송아지에 코 뚫고
인디언들이 코에 링을 다니
그것도 유행이라고 코뚫고 귀뚫고 그것도 뚫고

피어싱 · 4

귀걸이 한 개로는 모자라
귀, 코, 눈, 혀, 배꼽에 주렁주렁 메다니
이러다간 대추나무 연 걸리듯 피어싱으로 장식한 몸통되겠네

피어싱 · 5

귀걸이 모양도 가지가지
크기도 가지가지
큰 것은 머리통만하니 목에 깁스해야 할 판

할머니는 거리로

아이들 키울 때는 서로 모셔가더니 늙어지면 토사구팽
딸이 하는말 부모는 아들이 모셔야 당연한 것 아냐
할머니 대답하길 내가 길을 잃어서 일이 커진 거야

고려장

고려장 시키려 노모를 지게에 지고 산으로 오르는데
어머니가 한사코 나뭇가지를 꺾어 내버렸다
왜그러시냐는 아들 말에 네가 돌아갈 때 길을 잃을까봐서

끝없는 모성애

마녀의 꾐에 빠져 노모의 심장을 꺼내 들고뛰다 넘어졌다
아이고 심장이 망가졌으니 망했구나 하는 아들의 말에
어머니 말씀하시길 애야 무릎은 다치지 않았니?

간디 · 1

기차가 떠나려는 순간 신발 한 짝이 땅에 떨어졌다
주울 수 없어 나머지 한 짝도 마저 던져 놓고 하는 말
남이라도 신으라고 그랬지

간디 · 2

특등 칸 앞에서 간디를 기다리던 군중
3등 칸에서 내리는 간디에게 "왜 3등 칸에서 내리시지요?"
간디 왈 "4등 칸이 없어서요"

간디 · 3

간디가 죽고 나서
유산을 정리할 위원회를 열었으나
남기고 간 것은 안경, 슬리퍼, 수첩 그리고 지팡이 뿐

귀향길

명절 귀향길은 언제나 고행길
고행 없이 어찌 고향엔들 닿을 수 있던가
그 보다는 마음의 고향이 없으니 실향민과 다를게 뭐람

물은 그래도 흐른다

물은 흘러가다 막히면 쉬고, 쉬다 차면 다시 넘치지
막힌다고 돌아가는 법 없고, 피해가는 법 없지
헌데 사람들은 새치기, 지름길, 밀어붙이기 국회가 있지

맹인들의 사투

사촌이 논사면 배가 아프다는 엽전 근성
맹인들이 안마로 먹고 살겠다는데
그것도 직업이라고 성한 것들이 새치기 하다니

투신자살쯤이야

시력이 좋을 수록 높이 오르면 현기증으로 어지러운 법
장님들이야 눈 멀어 어지럼증 없으니
투신자살이야 식은 죽 먹기지

법대로

인권평등, 직업평등 외치는 헌법재판관들
세상이 법대로만은 아니란 걸 왜 모르실까
안마시술법이 그래, 하나만 알고 둘은 모르는 딱한 법관들

미치광이 세상

5·31선거에 참패한 열우당 열 받아 미칠지경이고
승리에 도취한 한나라당 열광(熱狂)하고
안마시술법에 밥줄 끈길지 몰라 맹인들 미칠지경이고

살인과 영웅

적군을 죽이면 영웅이 되고
동포를 죽이면 살인범이 된다
죽이는 상대에 따라 영웅과 살인범이 되는 이치는?

투자와 투기

증권을 사면 투자, 땅을 사면 투기
혈통에도 부계 모계가 있듯이
투(投)자 돌림에도 그런게 있는 모양

욘족(young and wealthy but normal)

1980년대엔 여피족, 1990년대엔 오렌지 · 야타 · 캥거루족
그런가 하면 2000년대엔 빌게이츠 같이 젊고 부자로
평범하게 살며 자선활동을 하는 욘족도 있지

조폭 · 1

조폭 세계에선 두목의 눈치만 보고도
졸개들이 앞장서 손봐준다는데
한화그룹에선 김회장이 선발대 행동대원인가봐

조폭 · 2

화약으로 돈번 재벌
폭발물 화약 한방 터뜨리면 해결될 걸
뭘하러 청계산까지 끌고 가 야구방망이 휘둘렀담

지구촌의 깡패는 미국

이라크에서 대량 학살을 저지르며 쾌재를 부른
조지 부시 대통령인지 패권주의자인지
이름 값 하느라 무엇이든 조지고 때려 부시는 조지 부시

패거리 맞형

지구촌은 깡패들이 판치는 세상
조지 부시는 조폭두목
부시는 패권주의 패거리 맞형

구두 폭탄

자라 보고 놀란 사람 솥뚜껑 보고 놀란다던가
폭탄 좋아하는 전쟁광 부시대통령
중동의 청년이 던진 구두에 놀라 기절했다지

신발 폭탄

이라크 방송기자 문타다르 알자이디가 던진 구두에 놀란 부시
청년은 감금되었으나 영웅으로 추앙 받고
하긴 부시 머릿속엔 던지는 것마다 폭탄밖에

폭(爆)

폭언, 폭풍, 폭죽, 폭탄, 폭행
폭자돌림 항렬에
100년만에 내린 폭설에 호남지방 감옥됐네

군인과 검찰

폭음, 폭탄주는 사촌지간
군에서 나온 말인줄 알았는데
검찰에서 더 애용하다니 군인과 검찰은 같은 혈통인가 봐

자살도 유행

이라크, 아프카니스탄에서 유행하는 자폭테러사건
어디 그뿐인가 이웃사촌 나라에선 따라 즐기니
자폭이든 자살이든 그것도 유행인가

무법자

폭주족은 거리의 무법자
폭력배는 사회의 무법자
폭풍우는 자연의 무법자

폭주 · 1

폭주(暴酒)는 자신의 몸을 망가뜨리고
폭주(暴走)는 광풍을 일으켜 남을 죽이고
폭주(暴酒)에 취한 폭주족(暴走族)은 광기로 미쳐 날뛰고

폭주 · 2

폭주(暴酒)는 술시에 판치고
폭주(暴走)족은 밤에 판을 치니
폭주(暴走)족이나 폭주(暴酒)는 둘다 야행성이니 낮이 부끄럽고

되살아 난 1980년

1980년 봄 광주에서 일어났던 무력진압 망령 되살아났나
머리 짓밟고, 방패로 찍어 무차별 연행
쇠고기 재협상 촛불시위 최루탄 물대포로 묵사발 만드니

아전인수

경찰의 물대포는 폭력진압
시위대의 몽둥이는 자율권 방어
말되네, 내가 하면 로맨스, 남이 하면 스캔들

팔자 고친다더니 8자가 좋긴 좋은가봐

1988년생 박인비가 박세리 우승을 보고 골프 시작
1998년 US여자오픈골프대회 박세리 맨발의 우승
2008년 박인비가 박세리에 이어 US여자오픈대회 우승

MB 노믹스 불시착

경제성장율 4%대로, 소비자물가 4, 5%로
100억 달러 적자, 취업자35만 명에서 20만 명으로
747 비행기 날기는커녕 시동도 못 걸고 허우적대다 불시착

기브 엔 테이크

노무현 덕에 대통령된 이명박
이명박 덕분에 인기 올라가는 노무현
피차 주고받은 은혜인데 서로가 거는 태클

종교인들의 촛불집회

어제는 천주교 정의구현사제단이 시국촛불시위 벌이고
오늘은 불자들이, 내일은 기독교 연합회에서
모래는 또 누구 차례일까, 무당들이라고 예외일 순 없지

종교 편향

스님, 신부, 목사 모두가 불만스런 목소리
삼분돼 있는 국민 섬기려는 대통령
세 종교를 갖든지, 무신론자이든지

이 · 팔 전쟁

이빨은 이빨, 칼은 칼이란 말 어디서 나왔더라
이스라엘과 팔레스타인 전쟁을 보면
원수를 사랑하라는 성경 말씀 헛소리 같애

종교는 법 위에

감히 조계종 총무원장 차를 검문하다니
안될 말씀, 그분은 불(佛)을 모시는 분인데
어청수 경찰청장 법집행을 잘못했으니 석고대죄할일이구먼

대책회의 최고 의결기관

2008년 국회는 3개월째 개원도 못하고
정부는 마비 상태고, 사법부는 꿀 먹은 벙어리고
광우병대책회의가 국가시책을 좌지우지 푸른집 대행하고

촛불과 횃불

어둠이 빛을 이길 수는 없다
덩치 큰 횃불이라고 촛불을 이길 수 있을까
총칼이 붓을 이길 수 없다는 진리쯤 아셔야 판단하지

누리꾼들은 시인

'조중동'이 언론이면 우리 집 화장지는 팔만대장경
'조중동'이 언론이면 똥파리는 새(鳥)다라는 댓글
인터넷 누리꾼들은 모두 시인이고 예술가인가봐

조폭 대장

조중동이 언론의 폭력자라고, 모르시는 말씀
미국엔 조씨 성에 부시란 이름 있어
중동을 까부신 국제 깡패 두목이여

5적

이완용 등 을사 5적이란 역사의 죄인인데
MB, 이상길, 정운찬, 김종훈, 민동석을
누리꾼들 증언으로 쇠고기 협상 5적이라고

독도는 우리 땅

일본 문부성에서 독도가 일본 땅이라고 표기했다니
한국 교과서에도 대마도는 조선 땅
일본은 백제 땅이라고 표기하면 어떨까

독도 · 1

울릉군 독도리가 분명한데 사고무친인 줄 잘못 알고
다께시마(竹島)라 성씨 개명하여 시마네현에 입적했나
바이킹족 혈통엔 이런 입적법도 있는 모양이구먼

독도 · 2

독도, 공시지가 6억 8300만원
부동산 가격으로야 어찌 계산할 수 있나
영토 이전에 대한민국의 자존심이 걸린 것을

몸통만 남은 한국

백두산은 물론 고구려까지 중국 땅이라 하고
독도는 일본 시마네현 다케시마라고 하니
이러다간 머리 잘리고 꼬리 잘리고 몸통만 남겠구먼

국제 미아

금강산에선 관광객이 총 맞아 죽고
일본 문부성에선 독도가 일본땅이라 어거지 쓰고
미국 지명위원회에선 독도를 '주권 미지정'지역으로 묶고

독도 청문회

미국이 우방이라고 믿고 있는 대한민국
미국 의회에서 독도에 관한 청문회를 연다는데
아무래도 미국과 일본이 짜고 친 고스톱 판 될 것 같다

적절한 조처

부시의 "국무부, 독도 적절한 조처 취하라"는 한마디에
독도를 미주권 지역에서 다시 한국령으로 환원
때리는 서방보다 찌르는 시어머니가 더 밉다던가

이건희 회장 집행유예

봄부터 뜨겁게 달구었던 신문들 함구무언에
삼성 편법증여 검찰 수사 봐주기 예견은 했지만
유전무죄 무전유죄란 말 어느 인질범이 했더라

행복 · 1

많이 갖든지 욕심을 줄이든지
두 가지 중 쉽기는 욕심을 줄이는 것이라고
천만에 말씀, 많이 갖기보다 욕심을 버리기가 더 어렵다고요

행복 · 2

행복이 별건가
불행하지 않으면 행복이지
불행을 모르고 살면 그게 행복이야

행복 · 3

아름다운 장미에도 가시가 있네
가시 있는 장미도 향기가 있네
행복과 불행은 마음먹기 나름인걸

이상한 나라

전기를 쓰면서 세계에서 양초를 제일 많이 소모하는 나라
광우병은 구경도 못했으면서 제일 무서워하며 떠드는 나라
멋대로 뉴스를 만들어 퍼뜨려도 제재 받지 않는 멋진 나라

친미 한국

이라크 침략전쟁에 한국군 파병
졸속 한미 자유무역 협정
쇠고기의 졸속 협상의 친미처사 거꾸로 풀면 미친인 걸

신궁의 후예

2008년 베이징 올림픽
양궁 한국 남자 3연패, 여자 6연패
동이족의 피를 받았으니 당기는 시위마다 백발백중이지

물개

2008년 베이징 올림픽
박태환의 금메달에 코가 납작해진 양코배기들
수영은 콧대 높은 서양 사람들의 전유물인줄 알았겠지

헤라클레스 장미란

2008년 베이징 올림픽, 5개의 세계 신기록 갱신
인상 140킬로그램, 용상 186킬로그램
세계를 놀라게 한 326킬로그램의 인간기중기 장미란

170cm, 117kg의 장미란

체중을 늘리기 위해 먹기 싫은 음식을 먹어야 하는 고통
다이어트로 살을 빼야 할 처녀가 되레 살찌워야 하다니
살이 찌우기나 빼기나 인생은 이래저래 고행인 것을

올림픽 한일 야구

한국 뚝심야구로 코가 납작해진 일본 호시노 감독
한국 야구를 얕보다가 예선전에서 혼쭐나더니
준결승에서 이승엽의 홈런 한방에 일본열도가 출렁출렁

만수무강

기획재정부 장관이 누구더라
경제파탄 책임지고 물러나라 해도 끄덕도 않더니
조상에 작명가라도 있었는지 만수란 이름 덕분이군

피보다 돈

피는 물보다 진하다
피보다 진한 것이 돈이란 걸 모르는 모양이지
돈 앞에서는 부자유친도 없다는데

껍데기

민화투에선 쓸모없는 껍데기가
고스톱에선 비 껍데기 다음으로 귀한 손님대접
허기사 정치판에선 껍데기들이 판을 치는 세상이니

대박과 쪽박

대박과 쪽박은 사촌지간
박자 항렬 혈통이 그런지
대박 꿈꾸다 쪽박 찬 형제 한 둘이 아니더라

독박

고스톱에선 피박 광박하지만
이박저박 중에서도 독박이 제일 무서워
대박을 꿈꾸거든 독박의 위험도 감수해야 되는 거여

사팔

섯다판에선 광땡이 제일 높다지만
안과의사 모임에선
사팔(사팔뜨기)이 최고야

관전 놀음

전쟁에서 안 싸우고 이기는 것이 최고의 용병술
화투판에선 광 팔아 돈벌고 싸움 구경하는 관전놀음이 최고
손 안대고 코 푸는 거저 먹기가 그거지

진품 명품

학력 · 능력, 쓸데없는 소리
인맥 · 지맥 · 학맥 연줄 대고 출세하면 그만이야
인맥 타고 고졸학력이 외국 명문대 졸업으로 행세하는 걸봐

학벌천국

능력 있으면 그만이지 학벌만능주의에 코드를 맞추라고?
학력위조로 미술관 통역 아르바이트에서 미대 교수로
고졸출신이 방송 영어 진행자로 둔갑해도 좋다는 이치

가면무도회

인생은 외줄타기, 울고 싶어도 웃는 광대놀이
울고 웃다가 인생 오막 칠장의 막을 내리는
광대 노름이 인생 아니던가

내비게이션

그녀는 우회전 좌회전 무조건 자기 명령에 복종하란다
머리는 없고 손발만 있는 나는 허수아비
그녀에게 잘난 체하다간 지름길 아닌 황천길 못면한다

도청

도청이란 발음은 같은데
광주민주화운동 때 전남 도청(道廳)을 점령당했지
그뿐인가, 청와대 크레믈린궁까지 도청(盜聽) 당하는 세상

몰래 카메라

몰래카메라 렌즈엔 눈보다 정확히 속도 위반 차량 찍히는데
네거리에서 호루라기를 불어대는 경찰은 눈뜬 달갈봉사
그 덕에 룸살롱에서 기분내고 비웃으며 질주하는 음주운전차량

짜가

붕어빵에 붕어 없고
호두과자에 호두없다
가짜 세상에서 진짜 찾는 보는 무엇일까

탈선

기차가 탈선하면 뒹굴고 남녀가 탈선하면 패가망신
어디 탈선(脫線)이 이것뿐인가
탈선(脫善)하면 악(惡)으로 떨어지는 걸

거짓말쟁이

사기꾼의 거짓말이나 국회의원들 거짓말이나
잡혀갈 때는 모두 "법정에서 진실을 밝히겠다"하던데
밝혀진 결론은 거짓말이 참말로 둔갑하데

산불

봄철에는 진달래 피어 설레는 가슴이 타고
여름에는 아폴로 눈병으로 눈이 붉게 타고
2008년 가을은 금융위기로 국민들 가슴이 타고

뒤집어 본 세상

盡人事待天命:사람의 도리를 다하고 하늘의 뜻을 기다려라
좋은 말씀이지만 순 구식이네 거꾸로 풀어봐,
命天待事人盡:하늘더러 기다리라 명이니 사람을 싹슬이하네

정반합

god — dog (신도 미치면 개다)
남 — 님 (남을 항상 님같이 섬기라)
돈 — 돌 (황금을 돌같이 여겨라)

진실 게임 · 1

진실이 네 이름이 진실이면 내 이름은 거짓이다
악화가 양화를 구축한다 했던가
인터넷 악플이 진실을 죽였다

진실 게임 · 2

연예인은 인기가 올라갈 줄만 알지 내려올 줄은 몰라
허나 정상에 오르면 내려와야 하는 것이 이치가 아니던가
내려올 때 일으키는 어지럼증이 우울증, 자살하기 십상이지

멜라민

암모니아+탄산가스=요소비료라는 공식
신장결석 만드는 이 화학작용 버젓이 알면서도
플라스틱, 접착제의 독성원료를 우유에 넣다니

먹지 마

광우병 쇠고기, 조류독감 닭고기, 멜라민 우유
그리고 과자
이것저것 빼고 나면 입 다물고 있으란 말인가

호질기의(護疾忌醫)

잘못이 있는데도 충고 받기를 싫어한다는 뜻
국민에게 귀 닫은 정치권 비판 같아서
누굴 보고 하는 말인지 아리송해, 우이독경인가

견위수명(見危授命)

위기를 만나면 목숨을 던지라고
모처럼 이명박 대통령이 좋은 말했지
혹 곰을 보고 혼자 나무에 오르지나 않을지

노공이산(盧公移山)

청기와 집에서 큰 소리 치던 꿈
아직도 용상에 앉아 있는 착각에 빠져 있는 걸까
봉하마을에 가서도 큰소리 노여움 토해내는 노(盧)씨

BBK 사건

오얏나무 밑에서 갓을 고쳐 쓰지 마라
아니 땐 굴뚝에 연기 나랴란 속담 허사가 아닌갑데
MB동영상을 보며 어쩐지 그 속담 떠오르는 걸 보면

촛불시위 · 1

콧김만 불어도 꺼지는 게 촛불인데
얕잡아 보다가 놀란 경찰 물대포 쏘아댔겠다
웬걸, 꺼질 줄 알았던 촛불, 뿌릴수록 더 활활 타올라

촛불시위 · 2

생일날에만 켜는 촛불인줄 알았는데
불어나는 촛불 행렬보니 새로 태어남이 좋기는 좋은모양이데
저러다 날마다 생일잔치 벌이는 것 아닐지 몰라

촛불 시위 · 3

촛불은 어둠을 밝히는 것
어디가 그리 어둡기에 저리 많은 촛불 켰을고
푸른 집은 대궐인줄 알았더니 어둠의 헛간인가 보네

촛불시위 · 4

6 · 29선언은 최루탄에 맞서 이루어냈고
광주민주화 운동은 총칼에 맞서 이루어냈다
총칼보다 최루탄보다 힘센 촛불시위는 무얼 이루어낼지

촛불과 칼

촛불은 어둠을 밝혀주는 빛
칼도 불에 달궈 구워내는 것
촛불도 칼이 될 수 있는 이치 아니던가

어둠은 빛을 이길 수 없다

국민은 마음을 태우고
촛불은 자기 육신을 태우지
태우고 또 태우면 푸른집 어둠도 밝힐 수 있을까

구관이 명관 · 1

클린턴 유화정책 무시하고 큰소리 뻥뻥치며
북한을 악의 축이니 테러 지원국이니 윽박지르더니 웬걸,
콧대세우다 아무것도 못하고 구관으로 돌아간 부시 행정부

구관이 명관 · 2

DJ, MH식 퍼주기 대북 정책이 아니면 뭐든지 OK라던 MB
핵 폐기 선행조건이라야 개성공단, 대북 지원한다더니
어쩌자고 옥수수 5만톤 주겠다고 자청했다 거절당한 꼴이라니

이래저래 물봉

미국에는 쇠고기 사오면서 굽실거리고
중국에는 한미동맹은 지나간 역사의 산물이라 핀잔 듣고
행여 일본엔 과거를 묻지 않겠다며 독도 주겠다곤 안했겠지

그네 뛰는 한국

중국 콧김에 독감, 황사병 걸리기 일쑤인 한국
미국 월가의 금융위기에 멀미하는 한국경제
증권폭락,환율인상,기준금리인하,물가상승,시소게임즐기네

미네르바

1980년대 박노해란 얼굴 없는 시인의 복사판
얼굴 없는 인터넷 족집게 경제논객 미네르바
처벌보다 차라리 경제기획원장관으로 등용하는게 어떨지

역사는 흐른다

1989년 분배지상주의라던 사회주의 몰락
2008년 신자유주의의 상징인 월가의 몰락
폐쇄주의도 개방주의도 만능주의는 못돼, 역사의 흐름이 그래

복면강도 · 1

복면은 밤에만 하는 줄 알았는데
올 여름에는 낮에도 나타나는 복면강도
썬 크림 화장품 장사도 먹고 살아야 할텐데

복면강도 · 2

서양 사람들은 일부러 썬텐을 하는데
한국에선 훤한 낮에도 마스크로 얼굴 가려야 하니
이러다간 컴컴한 밤엔 아예 얼굴조차 없어지지 않을까

대통령 지망생

DJ 목포상고, MH 부산상고, MB 동지상고
대통령을 꿈꾸는 지망생들이여 상고로 전학하라
상고 거꾸로 하면 고상도 되고 고생도 되나니

명박산성

남북 가로 막은 삼팔선 철책도 소떼 넘어갔는데
세종로엔 소떼도 못 넘게 컨테이너로 장벽 쌓으니
벽창호 정부로 통하는 길에 세워진 국보 X호 명박산성

컨테이너 정부

국민의 소리에 귀를 막더니
컨테이너 철벽을 쌓아 울타리 치고
눈 귀 막아 아예 소통의 길마저 막아버릴 작정인가 봐

현대에서 배운 한 수

세종로 촛불시위대 방패막이로 컨테이너 박스 동원
삽교천 방조제 물막음에 폐선을 이용했지
아마, 정주영 회장이 살았다면 기절초풍했을 거야

국민토성

남한산성, 북한산성은 많이 들어봤는데
어느 날 밤 정부는 컨테이너성까지 쌓고
이제 국민토성까지 쌓으니 산성공화국 새로 태어나려나

비프벨트

한국에서는 재협상하라고 매일 촛불시위
미국 국회에서는 재협상불가라고 요지부동
미국중부 비프벨트의 입김인데 어느 장단에 춤춰야 하는지

광우병

세월이 하수상하니
사람도 미치고 소도 미칠 판
미치지 않은 것이 되레 이상 할 판

광우병에 걸린 지구촌

미얀마에선 싸이크론으로 십만여 명 사망
중국에선 지진으로 십오 만여 명 사망
광우병 광우병 해쌌더니 지구도 광자 돌림병에 걸렸나봐

뿔났다

소에 뿔이 나야 정상인데
한미 쇠고기 협상에 불만을 품은
촛불로 뿔세워 머리로 들이받는 뿔 난 국민들

뿔난 국민

미친 쇠고기 먹은 국민들이 촛불 대신 몽둥이 들고
소처럼 이마에 뿔을 달고 덤벼들면
물대포도 최루탄도 소용없는 줄 왜 모를까

화염병 대신 촛불

군사정권에는 화염병으로
MB정부에는 촛불로 소뿔로
물대포로 못 막으면 마지막엔 소뿔로 막겠지

촛불 진화

촛불집회 주모자 찾기가 쉽지 않다
근원지야 어디든 불만 끄면 장땡이지
서울광장을 폐쇄하든지 양초공장을 없애든지 하면 될걸

아고라

고대 그리스 도시국가에 자리 잡은 광장 아고라에선
자유발언 쏟아져 민주주의 길잡이 삼았는데
시청 앞 광장은 버스로 담 쳤으니 어디서 민주길 열리겠나

불장난

어려서 불장난하면 잠자리에 지도 그린다 했지
이문열이 촛불장난 그만하라고 하자 야단법석이다
이러다 불장난 심해져 초가삼간 다 태울라

로스팅(roasting)

조물주가 인간을 흙으로 만들어 구워냈는데
너무 많이 구워 흑인 되고, 너무 설 구워 백인 되고
적당히 알맞게 구워내 황인종 됐다는데 그게 중용지도

고개 드는 남자

광우병, 대운하, 민영화 포기선언 후 고개 숙인 MB
벼는 잘 익으면 숙인 고개 들지 않는 법
슬며시 다시 고개 드는 대운하 운운

꾼

노름꾼, 사기꾼, 술꾼
'꾼'자는 그렇게 썩 좋은 말 아닌갑데
요즘 촛불시위 주도하는 인터넷의 누리꾼의 꾼자는 어떨꼬

조중동

성은 조요 이름은 중동
화약고 중동이 그러하듯
그러다 찬바람 불면 중동(仲冬) 안될지

재벌 방송

삼성방송, 현대방송, 조중동 방송이 생기겠군
친정권, 친보수, 친재벌로 재벌은 돈벌이 하고
여론몰이로 여권은 장기집권하고 누나 좋고 매부 좋고

트로이 목마

때만 기다리는 쇠고기 수입업자들
빗장만 풀면 식탁차림 쇠고기세상 될텐데
새우 싸움에 고래 등터지는 국민들 어쩌나

MB

MB가 이명박 대통령 이름의 첫 글자인줄 알았는데
멍청이(M) 바보(B)라는 영어 머릿글자라고도 하데
미국산 쇠고기 협상을 보니 그 말도 그럴 듯 해

747

연 7% 경제성장, 국민소득 4만 달러, 세계 7위 경제대국
장밋빛 대선공약 747, 불과 얼마 전에 들어봤는데
물가 상승, 증권폭락으로 허덕거리는 꼴 남가일몽은 아닐지

신 뉴딜 정책 · 1

1929년 경제공황에 루즈벨트 대통령이 썼던 자유방임정책
2008년 오마바 대통령이 경제 위기에 내놓은 신 뉴딜 정책
약발이 먹히는 걸 보면 새로운 것은 다 좋은가봐

신 뉴딜 정책 · 2

NEW(新)자만 붙으면 다 새로운 것인가
1929년에 휴버댐을 만들며 썼던 경기부양책인데
공사판 벌이는게 한국판 신 뉴딜 정책이라고 하니

광우병에 걸린 국민

일본 20개월, 중국 30개월미만의 살코기만 수입한다는데
코리아는 30개월이상 고기에, 내장 뼈까지 수입한다지요
미치고 싶어 환장한 게 아니면 지레 미친게지

공무원은 머슴

공무원은 국민의 머슴이라고 MB가 한 말
나중엔 머슴이 상전 노릇하지나 않을지 몰라
쌀 직불금 보면 머슴일줄 알았더니 상전이 분명해서

작심삼일

머슴은 주인보다 일찍 일어나라 했나니
새벽형 인간 작심 삼일 되지 말길
역대 대통령들이 처음에는 다 그럴 듯 했지

친이 친박

이빨은 이빨로
박치기는 박치기로
한나라당 치고 박는 파벌싸움 아직도 잠복 중이어서

살아서 돌아오라

대권을 빼앗았으니 이제 토사구팽인가
전쟁터에 나가는 장수들에게 당부하던 말
'친박계열이여 제발 살아서 돌아와 다오'

잃어버린 10년

40년 여당 맛에 길들여진 입맛
10년 야당이 그렇게도 통탄했을까
집안싸움 하다간 다시 야당 할지도 몰라

친이 천국

비리 연루자 퇴출이라 이름은 근사한데
'혈통 다른 친이 빼고 같은 혈통도 친이로 물갈이
알고 보니 속내는 이씨 천국 만들 수작이었던 것을

부활한 3김

DJ:이번 총선은 후광의 씨를 말리긴가비여
YS:싸가지 없는 놈들 버르장머리 고쳐줄끼다
JP:노병은 죽지 않고 살아있다는 걸 보여줘야 혀

종부세

남녀 결혼하여 재산을 합산하면 종부세 대상
부부공동명의로 하면 종부세 감면
눈감고 아웅하는 종부세 계산법

부자(富者) 내각

이명박 내각을 고소영, 강부자라 하길레
탤런트 이름인줄 알았더니
고려대, 소망교회, 영남, 강남 부자 줄임말이라데

부자되세요

지금 증권 사면 1년 내 부자된다던 MB의 말
당장 끼니를 걱정해야하는 서민에겐 그림에 떡
그런데 가도 가도 어두운 터널 같은 한국경제

재산 헌납

나의 모든 재산을 사회에 헌납하겠습니다
우선 대통령 당선되고 보자고 했던 MB의 말
하기사 결혼 전엔 하늘에 별도 따다 준다는데

인기 하종가

이명박 대통령 당선 시 83% 지지율
주가만 떨어지는 줄 알았더니
대운하, 광우병 때문에 20%대 바닥으로 하종가

두더지 게임

고개를 내밀면 방망이로 머리통 맞고 숨어버리는 게임
촛불시위에 여론이 들끓으면 슬그머니 감추었다가
여론이 잠잠하면 다시 불지피는 운하, 꼭 두더지 게임 같애

고개 드는 한반도 대운하

국민이 원치 않으면 포기한다던 한반도 대운하
4대강 정비사업이란 이름으로 물밑작업을 시작
하기사 운하가 물밑 작업이니까 비밀리에 진행하는거지

화난 국민의 외침

안 사 먹으면 될 것 아니냐는 MB의 말
미친 쇠고기는 너나 먹어라. MB OUT 티켓
MB 퇴임시계는 재깍재깍 돌아가고 있는데

MB가 즐기는 4자 성어

2007년:旱天作雨 (백성이 간절히 바라면 비가온다)
BBK사건:本立道生(뿌리가 깊으면 흔들리지 않는다)
2008년:時和年豊(때가 되어 국민 화합과 경제성장)

아침이슬

08년 6월10일밤 인왕산에 올라 끝없이 이어진 촛불시위 보고
시위대에 맞추어 아침이슬을 부르며 후회의 눈물 흘렸다더니
7월 11일 국회 촛불집회를 정보전염병이라고 폄하발언

MBC PD수첩

다우너병을 광우병으로 둔갑시킨 엉터리 번역
CJD와 VCJD도 구별 못해 촛불천국으로 만들어 놓고
사과방송하라 해도 배째라니 스스로 할복함이 어떨지

이래저래 죽을 팔지

미국에선 1년에 광우병으로 죽은 사람이 2~3명
상하의 나라에선 떨어지는 야자열매에 죽은 사람 120명
태풍, 지진, 해일에 의해 죽는 사람이 더 많으니 재앙이지

조류독감

연례행사처럼 찾아오는 손님
조류독감, 황사병, 돈 콜레라, 비브리오
외제 좋아하는 국민 닮은 외래병이어서

815와 518

815를 거꾸로 하면 518
518은 우리민족이 암흑으로 빠진 치욕의 날
815는 우리민족이 어둠에서 빛을 찾은 광복의 날

1과 9

1이나 9는 화투에선 행운의 길수인데
119는 화제 신고, 911은 미국테러 사건
길수 흉수로 풀어본 사촌지간인 길과 흉

오래 살다간

2007년 통계청 발표
평균 수명 남자 75세, 여자 82세
오래 살면 뭘해, 이러다간 고려장법이 재등장하지나 않을지

비핵 3000

북한이 핵포기하면 GNP 3000달러 보장한다는 MB말
김선생 귀가 번쩍 트일까,핵버튼 누를까
약 올리면 성내기 마련인 김선생 다혈질이어서

쌍불알

북한에선 전구를 불알이라 하고
샹들리에를 떼불알이라 한다던데
남자의 쌍방울은 쌍불알이 되겠네

술술

술시에 먹어야 맛있다고 술인가
목구멍에 술술 넘어간다고 술인가
마실수록 술술 감기는 이성・감성 아닌 육성(肉性)

상팔자

여자와 춤과 노래가 어울리면 상팔자지
거기나 술 있으면 상상팔자지
술에 시를 곁들여 한량 노름 즐기면 상상상 팔자지

가장 재미있는 게 뭐더라

서서하는 운동 중에는 골프
앉아서 하는 것 중에는 마작
그런데 누워서 하는 것은 XX라던가

잘난 남자

미남: 얼굴이 잘 생긴 남자
호남: 마음씨가 따뜻한 남자
쾌남: 쾌활하고 멋진 남자

예쁜 여자

얼굴이 예쁘면 3개월
돈이 많으면 3년
마음씨 예쁘면 30년 간다

술 예찬론

예이츠는 술은 입술을 달게 해주고
사랑은 눈을 즐겁게 해주는 묘약이라고 했지
입술 · 눈만이 아닌 마음을 즐겁게 해준다는 걸 왜 몰랐을까

술은 마술사

음주운전은 타살행위
과음은 자살행위
죽고 죽이는 행위의 마술이 곧 술인 것을

술에 취하면

소인과 대인의 구별은 술 먹여보면 알 수 있다
소인의 입에서는 막소리로 혀가 굽고
시인의 입에서는 혀가 굽을수록 노래로 풀리고

술

술은 마시면 취하는 것이 만고의 진리
마시고 또 마시면 끝내는 뭐가 될까
토하고 추하고, 추하고 토하는 추자 돌림병의 추행되지

술자리

술에 취하면 이성이 마비되고
마비된 이성 대신 감성이 살아난다
살아난 감정대로 놀다 터지는 주정 아닌 육정

술의 종류

춘향이와 이도령이 마시던 술은 사랑의 술
변사또가 먹은 술은 백성의 피로 빚은 술
김삿갓이 마시던 술은 풍류의 술

많은 것이 좋은 거여

흰 고양이든 검은 고양이든 쥐만 잘 잡으면 돼-등소평
매킨리건 오바마건 표만 많이 얻으면 대통령에 당선-흑백인종
흰 돌이건 검은 돌이건 집만 많이 지으면 이기는 법-바둑도사

여권(女權)신장

현모양처, 여필종부란 말 들어 본지 오래다
남자들이 매 맞고 고개 숙인지도 오래다
여존남비라도 애 낳으라곤 않겠지

여존남비

여자의 하이힐이 올라가고
올라간 만큼 콧대를 세우고
올리고 세우고 하다가 다치고 넘어지지 않을지

전쟁천국

범죄와의 전쟁, 이념전쟁, 물가와의 전쟁
선전포고도 전선도 없이 되풀이되는
종전이 없는 전쟁천국

대리(代理)아닌 대리(大吏)

대리운전, 대리모, 과장대리, 국장대리
정작 당사자는 뭣하는 대리 세상일까
뭣하긴 대리(代理)아닌 대리(大吏)거든

협상 협상해쌌네

욕심은 싸움을 낳고, 싸움이 커지면 전쟁되지
석유 욕심에 이라크전, 영토 욕심에 이, 팔 전쟁
겉으론 협상, 속으론 야욕, 결국은 욕심 채우기지

스와프(swap)

남녀 여러 쌍이 혼숙하며 바꿔치기 하는 것을 스와핑
한화를 맡기고 300억 달러 차입하나니 어쩌다 이렇게 됐나
한국 돈과 노린내나는 달러가 동거 혼숙하는 꼴이 됐군

글로벌 시대

단일민족? 천만에 말씀 다민족문화시대야
한국돈? 천만에, 미국달러, 일본 엔, 중국 위안과 스와핑이라
쇄국정책? 옛날이야기지, 이미 국경 없어진지 오래지

간통죄

영화 '아내가 결혼했다'에서 다른 남자와 또 결혼하더니
배우 옥소리 간통죄 헌법소원에서 재판관 5대4로 합헌
4대 5로 간통죄가 통과될 날도 멀지 않은 것 같아

아내가 결혼했다

남 주긴 아깝고 나 갖기는 싫어
내가 바람 피워도 넌 절대 피지 마
일부일처제는 인간이 만든 악법 중 최악법

봉하 오리쌀

노무현표 봉하 오리 유기농 쌀
보내는 분 16대 대통령 노무현, 받는 분 이명박님
호칭이 쌀 직불금 문제로 속상한 노씨의 심술 같애

방배동

양녕대군이 세종대왕에게 누를 끼칠까봐
한강을 건너 살며 궁중을 등지고 살았다는 동네
봉하마을 노형이 들었다면 MH에게 누가 안됐을 텐데

홍은동

병자호란 때 몽골로 끌려갔던 처녀들
노후에 고향으로 돌아와 홍제천에서 목욕하고
임금님의 큰 은혜를 받고 살았다 해서 지어진 이름

오락가락 안마시술법

맹인들의 유일한 밥줄인 안마시술
멀쩡한 안마사 피부미용사들이 탐내더니 약자 보호한다고
다시 맹인에게만 허락하니 헌법재판관들도 오락가락하는군

찍지마

"찍지 마, 에이 XX"—유인촌 문화체육관광부 장관
"소스에 찍지 마"—비스킷에 유장관 얼굴 그려 놓고
"찍지 마"—다음 선거에서 국민들이 할 말

노블레스 오블리제

사회 지도층의 도덕적 의무로 알고 있던 말
어느 날 땅불리스 돈불리제로 둔갑하다니
하기사 종부세 폐지, 감세 등 강부자 내각에서야

▌시집 평설

諷詩調의 詩法 고루 실천

박 진 환

(문학평론가 · 文學博士)

諷詩調의 詩法 고루 실천

박 진 환
(문학평론가 · 文學博士)

1. 전제

諷詩調는 낯선 장르임에 틀림없다. 최근에 선보인 새로운 시이기 때문이다. 그렇기는 하나 시학으로서의 배경이나 시법으로서의 배경은 그렇지가 않다. 그 모태가 되어주고 있는 풍자시와 형이상시가 일찍이 존재해왔기 때문이다.

새로운 것이 있다면 그 명명과 시형일 뿐이다. 새로운 명명이란 일찍이 그 어디에도 풍시조라고 불리우는 시가 없었고 또 형태는 시조의 三章六句와 비슷하면서도 외형상 3행이란 점이 같은 뿐 그 구조나 골격은 시조와 전혀 다른 자유시의 형식을 취하고 있다.

諷詩調란 명명은 풍자시 투나 풍자시 쪼로 쓴 시이면서 3행이란 형태가 시조와 같기 때문에 붙여진 것이다. 그 때문에 諷時調라 하지 않고 諷詩調라고 명명한 것이다. 형태도 그렇다. 시조의 三章六句가 字數律이나 律格의 틀을 고수하는데 반해 풍시조는 그 어느 것에서도 구애를 받지 않는다. 그러면서도 3행이란 형식을 취할 뿐이다. 왜 그러느냐에 대한 답은 그래야 새로운 명명, 새로운 장르로서의 특징을 지닐 수 있기 때문이다.

명명이나 형태는 이러하거니와 諷詩調가 골격으로 하고 있는 시법은 形而上 詩의 시법과 같은 맥락에 잇대어 있다. 그것은 풍시조가 형이상시가 시법으로 하고 있는 상반·상충·이질성의 동떨어진 것들을 양극으로 설정, 반목, 갈등, 배타, 불일치가 수반하는 첨예화한 대립의 요소를 교묘히 합일시킴으로써 마술적인 시적 효용을 체험하게 하는 양극화와 그 시법을 잇대이고 있기 때문이다.

그 뿐만이 아니다. 양극화를 합일시키는 기발성과 순발력으로서의 위트, 위트와 위트를 충돌시키거나 이동시켜 이끌어내는 遠引的 비유가 성립시키는 변용의 시법인 컨시트를 즐겨 시법으로 차용하고 있다는 점에서도 형이상시와 궤를 같이 한다고 할 수 있다. 이 점 일찍이 드라이든이 지적했던 '위대한 기지의 시'와 상통하는 맥락성을 지니고 있다는 점에서 더욱 그러하다. 그리고 이질적인 개념들이 폭력에 의해 결합된다는 엘리엇의 폭력적 결합과도 잇대이는 부분이다.

여기에 하나를 더 지적한다면 '순수한 痛懲'으로서의 시적 기능이다. 순수한 통징이란 물리적인 힘이나 법적 제재해 의한 엄벌이 아니라 지적이고도 형이상적이며 정신적 감화나 改善을 통해 카타르시스를 체험하게 하는 그런 시적 기능과 효용을 말한다. 악의 개선을 목적으로 하는 풍자시가 개인 풍자나 정치적 풍자를 통해 대상에 대한 비아냥이나 헐뜯음이나 깎아내림과 같은 공격성 폭력에 의존한다면 '순수한 통징'은 대상 공격의 저급성을 버리고 고급성의 풍자를 감행하게 되는데 그 때문에 문화적 방법을 통한 악의 개선이나 교정이라고 할 수 있다.

이상의 시법들은 형이상시가 즐겨 차용한 것 중 그 중심에 놓일만한 대표적인 시법이거나 諷詩調도 이러한 시법과 맥락을 같이 하고 있다는 점에서 '순수한 통징'의 미학이라고 할 수 있다.

장원의 시인의 풍시조집 『풍시조로 세상 엿보기』의 시법도 고스란히 전제한 시법에서 시를 출발시키거나 실천하고 있어 풍시조의 정공법을 시법으로 하고 있음을 보여주고 있다. 이점 시를 제시, 구체화했을 때 풍시조가 어떠한 시이고, 또 그 시법이 어떤 것인가에 대해 답해 줄 것으로 본다.

2. 『풍시조로 세상 엿보기』에 나타난 시법

풍시조집 『풍시조로 세상 엿보기』의 시법을 대표하는 것으로는 첫째 양극화 현상과 둘째 이를 결합시켜 새로운 시의 질서로 이끌어내는 역할로서의 컨시트 동원, 셋째 다양한 편과 골계미, 그리고 마지막으로는 '순수한 통징'을 통한 정신적 카타르시스의 체험등으로 집약될 수 있을 것으로 본다.

먼저 양극화의 시법부터 시를 제시, 구체화해 보기로 한다.

가) 행복이 별건가
불행하지 않으면 행복이지
불행을 모르고 살면 그게 행복이야

나) 815를 거꾸로 하면 518
518은 우리민족이 암흑으로 빠진 치욕의 날
815는 우리민족이 어둠에서 빛을 찾은 광복의 날

다) 대박과 쪽박은 사촌지간
박자 항렬 혈통이 그런지
대박 꿈꾸다 쪽박 찬 형제 한 둘이 아니더라

예시 가)는 「행복·2」, 나)는 「8·15와 5·18」 그리고 다)는 「대박과 쪽박」의 각각 전문이다.

가)에서의 행복은 불행과 대응되기도 하지만 상반·상충되는 양극성의 것이다.

양극성이란 +와 -의 양극처럼 하나의 것이 두극으로 나누어지는 자석과 같은 성질을 말한다. 그 때문에 서로 배척하면서도 동시에 서로가 끌어낭기는 정반합의 변증법과 같은 속성을 지니게 된다. 선과 악이, 빛과 어둠이 그러하듯 행과 불행도 상반·상충되면서 동시에 어느 쪽의 존재를 부정했을 때는 그 존재가 성립되지 않는 묘한 이질성 속의 동질성 같은 대응 개념을 성립시킨다. 그 때문에 불행에 의해 행복은 인식되거나 자각되거나 성취하게 되고 이와는 달리 행복에 의해 불행은 그 존재성을 지니거나 제기하게 된다.

이러한 양극성을 하나의 질서랄까, 화해로운 관계랄까, 동류항으로 이끌어 내어 시적 설득력으로 작용하게 하는 시법이 양극화의 수법인데 예시 가)는 이를 잘 보여주고 있다고 할 수 있다.

예시 나)도 같은 맥락성을 지닌다. 8·15를 거꾸로 하면 5·18이 되는데 이 두 수치는 공교롭게도 어둠과 광복이라는 역사적 사실에 연계된다. 이 연결고리를 수치를 번복시켜 둘이면서 하나가 되고 하나이면서 둘이 되게 하는 양극성의 제시는 양극화와 함께 펀의 활용도 되고 동시에 기발성으로서의 컨시트의 효과로도 작용하고 있는데 재빠른 순발력의 지적 파악인 위트의 산물이라고도 할 수 있다.

예시 다)도 예외는 아니다. '대박'과 '쪽박'이라는 상반의 개념을 같은 혈통의 사촌지간의 연결고리로 걸어냄으로써 서로 다른 양극성의 것을 교묘히 한 질서로 합일시키고 있는데 여기에서 끝나지 않고, 이를 다시 번복시켜 '대박'을 '쪽박'으로 이

동해 내는 위트와 순발력으로 감행한 통징은 풍시조가 아니면 맛보기 어려운 통합적 감수성까지를 체험하게 해 주고 있다.

풍시조가 즐겨 차용하는 두 번째 시법이 컨시트다. 컨시트하면 흔히 기묘한 착상, 기발한 착상쯤으로 이해하려 드는데 그보다는 상위개념으로 이해되어야 온당할 것으로 본다. 그것은 컨시트가 기발한 착상임에는 틀림없으나 이 기발성이 단순한 착상이 아니라 폭력적 결합을 성취시켜주는 등가물을 발견해 내는 가장 고도한 상상력의 산물이라는 점에서 그러하다.

주시하다시피 상상력의 가장 높은 차원은 통합적이고도 마술적인 힘이다. 달리 지적하면 서로 동떨어진 것을 하나로 합일시키는 원인적 비유를 성립시킨다는 뜻인데 이 점 또한 시를 제시했을 때 극명해 질 것으로 본다.

가) 특등 칸 앞에서 간디를 기다리던 군중
3등 칸에서 내리는 간디에게 "왜 3등 칸에서 내리시지요?"
간디 왈 "4등 칸이 없어서요"

나) 기획재정부 장관이 누구더라
경제파탄 책임지고 물러나라 해도 끄덕도 않더니
조상에 작명가라도 있었는지 만수란 이름 덕분이군

다) 기차가 탈선하면 뒹굴고 남녀가 탈선하면 패가망신
어디 탈선(脫線)이 이것뿐인가
탈선(脫善)하면 악(惡)으로 떨어지는 걸

예시 가)는 「간니·2」, 나)는 「만수무강」, 다)는 「탈선」의 각각 전문이다. 예시 가)에서는 어느 특정인을 대상으로 했다는 점에서 풍자로 치면 저급풍자가 된다. 그렇다고 시가 저급하다는 뜻은 결코 아니다. 그 대상이 특정 개인이었다는 뜻이다.

저급이건 고급이건 문제는 컨시트의 차용에 있는데 참 기발하다. "왜 3등 칸에서 내리시지요?" 했을 때 항용의 답으로는 "굳이 1등칸을 탈 이유가 있나"느니, "돈이 없어서 그랬다느니"라는 일상적 진술로 답할 수 있다. 허나 이 시에서는 "4등칸이 없어서"라고 의외의 사실을 빌어 답하고 있는데 이는 간디의 인품이나 그의 정신적 높이, 그리고 말을 다루는 재치로서의 위트가 뛰어나다는 점에 동의하게 된다. 바로 이 점이다. "4등칸의 없어서"란 이 한마디를 빌어 과학적 진술을 환정적 진술로 이동시켜 버린 셈인데 이점이 다름 아닌 컨시트의 시적 역할이다.

예시 나)의 경우도 비슷하다. 현직 제정경제부 장관의 성함이 '강만수'다. 헌데 경제 실책을 두고 하루도 편할 날이 없이 물러서라고 압력을 가한다. 헌데도 목이 달아나지 않고 용케도 잘 버텨나가고 있다. 이 버텨내는 생명력을 '신임이 두터워서'라느니, '운이 좋아서'라느니 등등의 항용의 해석이 아닌, 오래 오래 산다는 萬壽란 개념에 대입시켜 이름 때문에 장수한다고 풀이 하면서 그 덕을 조상에 작명가가 있었던가보다고 역시 공격의 일침을 가하고 있다. 여기에서 컨시트와 함께 펀이 이루어지고 동시에 통징의 요소가 가미된다. 실로 기발한 착상이 아닐 수 없다.

예시 다)도 예외는 아니다. 다만 다른 점이 있다면 앞의 시들이 특정 개인을 대상으로 한 발상이었다면 예시 다)에서는 善이라고 하는 정신적 덕목을 발상으로 하고 있다. 헌데 기발한 점은 기차 바퀴가 레일을 벗어난 脫線을 같은 소리값을 지닌 脫善에 연계시켜 펀을 이루어냄으로써 풍자중의 고급 풍자를 감행하고 있다. 여기에서 컨시트 · 펀 · 통징이 동시에 이루어지고 있는데 역시 풍시조가 아니면 얻어낼 수 없는 마술적 설득력을 획득해내고 있다고 할 수 있다.

끝으로 통징은 풍시조의 생명과 같은 역할을 한다고 해도 과언이 아닌 풍시조에 있어서의 절대시법이다. 역시 시부터 제시해 본다.

가) 고려장 시키려 노모를 지게에 지고 산으로 오르는데
어머니가 한사코 나뭇가지를 꺾어 내버렸다
왜그러시냐는 아들 말에 네가 돌아갈 때 길을 잃을까봐서

나) 귓구멍, 콧구멍, 혓바닥에 쇠고랑을 차더니
그것도 모자라서 배꼽과 배꼽 밑에까지 찬 정조대
이러다간 남아날 구멍 하나도 없겠네

나) '손이 놀면 입도 놀아라'고 대처수상이 한 말
노동자들은 무노동 무임금에 묶어 놓고
3개월 동안 등원도 않고 세비만 꿀꺽한 얌체 국회의원들

예시 가)는 「고려장」, 나)는 「피어싱 · 1」, 다)는 「무노동 무임금」의 각각 전문이다.

예시 가)에서 왜그러시느냐는 아들 말에 "네가 돌아갈 때 길을 잃을까봐서"란 모정은 폐륜아에게 마지막 사랑을 보여주는 감동 자체다. 무슨 설명이 필요하겠는가? 찡해오는 가슴의 전율과 함께 가슴을 치고 올라오는 분노의 양극화가 반응할 뿐인 이 시는 양극화 · 컨시트 · 통징의 교묘한 합성을 빚어내는 풍시조의 진수를 보여주고 있다고 할 수 있다.

예시 나)는 인륜에 대한 통징과는 달리 세태적 병리현상을 통렬히 질타하는 통징을 감행하고 있는데 공격성의 깎아내림이나 헐뜯기나 비판 · 고발보다는 빙그레 미소를 지어내게 하는 통징의 순수미, '순수한 통징미'를 가미해주고 있어 풍자보다 부드러우면서 설득력은 더 강하게 작용하고 있다.

예시 다)도 같은 맥락성에 잇대어 있다. 무노동 무임금을 주장하면서 정작 선량들은 등원도 하지 않고 세비를 받아갔다. 무노동 무임금 원칙에서 보면 당연히 받아갈 수 없는 돈이다. 그런데도 버젓이 받아다 쓴 선량들을 비꼬고 꼬집고 바이냥하고 비판하고 고발하는 통징을 자행하고 있는데 이 부분 역시 더 설명이 필요 없을 것 같다. 한 번 읽어보는 것으로도 설

명의 몇 십배가 되는 설득력을 체험할 수 있을 것으로 여겨지기 때문이다.

3. 결어

이상으로써 장원의 시인의 풍시조집 『풍시조로 세상 엿보기』를 일별해 본 셈이다. 그 결과 장원의 시인의 풍시조집은 철저히 풍시조가 내건 시법을 자신의 시에 실천한 것으로 받아들이게 한다. 이러한 자기 시법에의 신뢰는 동시에 시에 대한 설득력으로도 작용하고 있는 것으로 보여지는데 이는 시가 안겨주는 설득력과 감동 때문으로 여겨진다. 3행의 짧은 시도 이런 감동을 체험하게 한다는 점에서 풍시조의 매력은 매력이 아닌 마력으로 작용한 것으로 받아들이게 한다.

장원의 시인은 전남대학교 의과대학과 고려대학교 대학원을 졸업했다. (의학박사) 고려대학교, 중앙대학교, 한림대학교 외래교수로 있으며, 대한미용외과 및 일본미용외과학회 회원이다. 『에세이문학』에 수필「연戀정情」이 당선됐고 『조선문학』에 시가 당선되어 문단에 등단했다. 서대문문인협회 회장을 역임했고 대한문학 편집위원, 한국수필문학진흥회 이사, 한국문인협회 회원, 조선문학문인회 부회장을 맡고 있다.
저서에 수필집『빈 자리엔 情뿐이랴』,『백년이 지난 후에』가 있고 시집으로『이브가 눈을 뜰 때』,『하늘공원』,『풍시조로 세상 엿보기』가 있으며 대한문학상 대상, 조선시문학상을 수상했다.

지성 · 감성의 메타언어
조선문학시인선 · 254

풍시조로 세상 엿보기

2009년 1월 30일 인쇄
2009년 2월 2일 발행

지은이 / 장원의
발행인 / 박진환
펴낸곳 / 조선문학사
등록번호 / 1-2733
주소 / 110-092 서울 서대문구 홍제2동 96-4
대표전화 / 730-2255
팩스 / 723-9373

ISBN 978-89-93614-04-6

정가 7,000원

* 인지는 저자와 합의 하에 생략
* 잘못된 책은 서점에서 교환해 드립니다.